Frank Nagel
„August. Sturm."

Gedanken zu einer Suche.
Gedanken über das Finden.

Liebe Worte voller Wut.
Wütende Worte voller Liebe.

Geschichten aus dem Leben.
Ein Leben mit Geschichte.

Frank Nagel, »August. Sturm.«
© 2009-2020 Frank Nagel
Alle Rechte vorbehalten
Satz: Frank Nagel
ISBN 9783752866117
Umschlag: Frank Nagel
Herstellung und Verlag:
BoD - Books on Demand, Norderstedt

Für meinen Vater Volker, der in der wenigen Zeit, die er hatte, so viel gegeben hat.

Für meine Mutter Christel, die immer zu mir stand und steht und vieles erst möglich machte.

Für meinen besten Freund Darren, der seit 40 Jahren treuester Begleiter ist.

Für meine Tochter Laura, die Kriegerin, die mir, ohne ein einziges Wort zu sagen, das Herz öffnete, als sie auf die Welt kam.

Für meine Tochter Mika, der schlaue Waschbär, der mich täglich lehrt und daran erinnert, Kind zu bleiben.

Für all die anderen Menschen, die Teil meines Weges waren und sind, weil sie dablieben, als andere gingen.

Besonderer Dank gilt:

Mutter Erde und Vater Mond,
dem Gesang des Windes,
dem See des Glaubens und der Hoffnung,
und all den unsichtbaren Kräften,
die mich immer leiten.

Inhalt:

Warum?

Weil es Zeit ist für neue Gedanken,
für neue Gefühle und neue Sichtweisen.
Weil Heimat greifbar geworden ist und
der Neumond weiter weg als der Vollmond,
der Frühling weiter weg als der Winter
und das Leben ein fleißiger Lehrmeister war.

Deshalb.

ihr glaubt, an mich?!

ihr sprecht nicht meine Sprache
ihr tragt nicht meine Kleider
ihr denkt nicht meine Gedanken
ihr träumt nicht meine Träume
ihr liebt nicht meine Liebe
ihr geht nicht meinen Weg
vor allem aber lebt ihr nicht mein Leben.

und ihr wollt mir sagen, wie man lebt
ich soll an euch glauben,

warum glaubt ihr nicht an mich?

Inspiriert von AL

Vorworte

Die Ureinwohner Nordamerikas, die Indianer, nannten die Zeit der ersten Augusttage „Mond der reifenden Beeren". Diese Zeit sei der Mond der Offenheit, wenn alle Lebewesen der Erde sich völlig öffnen und bereit sind, die Frucht hervorzubringen, die sie zu tragen bestimmt sind.

Der Geburtstag meines Vaters, so wie auch mein eigener, liegen in dieser Zeit. Stets war der August ein Monat der Veränderung in meinem Leben. Von Geburtstag zu Geburtstag bemerkte ich diese Veränderung. Nicht nur im Außen, vielmehr im Inneren tat sich etwas.

Da begann leise und ganz fern eine Stimme nach Veränderung zu rufen. Diese Stimme aber war die am meisten bekämpfte, beschimpfte und unterdrückte, die je versucht hatte, bei mir Gehör zu finden.

Die Worte in diesem Buch stehen für diese Stimme, die Gedanken und die Momente, die Teil meines Weges waren und sind. Dieser Weg ist anders und er wirft Fragen auf. Fragen, die ebenso Teil der Suche sind, wie die Antworten, die gefunden wurden.

Dies ist die Suche eines Träumers nach sich selbst und dem eigenen Weg; eine Suche, die sich in einer Welt, die der Mensch allgemein nur als eine bloße Kulisse für sein eigenes Tun und Handeln betrachtet, als fast unmöglich zu erweisen scheint.

Und doch ist es möglich. Es war und ist unbequem und schmerzhaft, und genauso bin ich. Aber die innere Stimme war, wenn gehört, immer verlässlicher Kompass auf dem Weg zu mir selbst.

11

Wenn ihr das lest, hoffe ich, dass diese Worte lauter sind als eure eigene innere Stimme, die mit all diesen Ablenkungen aus dem Internet, dem neuen Auto auf der Straße, dem Titel auf der Visitenkarte, dem Kontoauszug oder den euch selbst am besten bekannten Mitteln zum Schweigen gebracht wurde.

Um mich zu verstehen, müsst Ihr nicht eure Ohren öffnen, öffnet endlich einmal eure Herzen. Schließt eure Augen, um letztlich klar zu sehen, haltet endlich einmal euren Mund und lasst die innere Stimme sprechen.

Diese Stimme ist euer Freund und hat viel zu sagen. Und vor allem ist dieser innere Freund einer der ganz wenigen, der euch die Wahrheit sagt.

Vielleicht auch ist er der einzige...

Frank

Vor Worten

Was genau kommt in ein Vorwort?
Oder besser gesagt: was kommt vor dem Wort?
Der Gedanke.
Und was kommt vor dem Gedanken?
Der Instinkt.
Das Gefühl.
Von dem manche Menschen mehr haben und manche weniger.
Und genau dieser Unterschied, einer der wenigen Unterschiede,
ist es, der jahrelang die Neugierde und den Wissensdurst in einer
sehr emotionalen und rationalen Freundschaft zweier Verrückter
gesteuert und geleitet hat.

Mal siegt die Ratio, mal gewinnt die Emotion.
Mal wäre mehr Einfühlungsvermögen besser gewesen. Mal wäre
mehr Kalkulation vernünftiger gewesen.
All dieses Nachdenken jedoch führt dazu, die Einsicht zu genie-
ßen, dass eigentlich immer der Instinkt richtig war.

Es lebe das Gefühl. Es lebe die Ratio.
Sie zusammen ergeben den Instinkt.
Und der hat zwei Jungs vom Lande ein Leben lang verbunden.
Zum Glück.
Das Gefühl für immer jemanden im Leben zu haben.
Ein schönes Gefühl. Für mich.
Schön zu wissen. Für dich.

Darren

Schwierigkeit

Für uns
ist das Schwierige nicht erkennbar.
Das uns Normale
ist für andere unerreichbar.

Inspiriert von Darren

Kinder

Kind Sein

Kind sein ist keine Frage des Alters.
Es ist eine Frage der Einstellung zum Leben.

Wenn wir uns das Kind sein bewahren könnten,
würde die Welt ganz anders aussehen.

Ruhe

Die Ruhe,
die ich suchte,
fand ich heute
in dem seligen Schlaf eines Kindes.

Ruhe

Ruhe ist die absolute Sicherheit,
die das Ergebnis ist aus Vertrauen und
Aufrichtigkeit.

So viel über Liebe geschrieben

So viel Worte habe ich darüber geschrieben,
aber es hat seine Zeit gedauert,
bis ich es wirklich verstanden habe.

Deshalb bin ich frei.
Ich habe das Privileg erfahren:
Lieben können ohne Bedingungen.

„Ein" Mensch, der nicht einmal richtig Papa sagen kann,
hat mir gezeigt, was wahre Liebe ist.

Liebe der Schöpfung

Wo sonst
könnte sich die Liebe
der Schöpfung besser
wiederspiegeln,
als in den Augen eines Kindes?

Das Gesicht der Welt

Wer das Gesicht der Welt
verändern will,
braucht dazu nicht viel,
wenn er es vermag,
ein Lächeln in das Gesicht
eines Kinds zu zaubern...

Nein, kein Grinsen, sondern ein
zufriedenes, ehrliches Lächeln.

Zweifel

Alle Zweifel und Fragen
nach dem Warum
verblassen beim Anblick
eines schlafenden Kindes.

Das Ende eines Blicks

Ein Blick sagt mehr als tausend Worte.
Ein lautes Wort zerstört alle Blicke.

Nicht wegen dir,
nicht wegen mir

gehe ich.

Nein!

Nur weil ein lautes Wort
zwischen uns
eine Träne in die Augen
meiner Tochter brachte,

gehe ich.

Du

Wissend,
dass ich nicht alles
richtig gemacht habe

sollst Du wissen:
Du warst immer meine
geliebte Tochter,
und wirst es auch immer
sein.

Nichts

Nichts kann so viel sein!
Da ist nichts zwischen uns.

Laura

Ein	Blick
ein	Wort
eine	Berührung
ein	Kuss
ein	Körper
eine	Nacht

9	Monate

ein	Schrei
ein	Blick
eine	Berührung
ein	Lachen
ein	Griff
ein	Leben
eine	Liebe

für   immer!

Dein Vater

Laura

Du kamst in mein Leben,
so wie die Sonne
jeden Morgen die Welt
von der Nacht erlöst.

Genauso hast Du mich
von der Sinnlosigkeit
meines Lebens erlöst.

Vater und Tochter

Es gibt klassische Vorstellungen
von der Art und Weise, wie
Vater und Tochter sein sollten.

Es war nicht immer leicht,
die eigene Realität zu schaffen.

Es gelang mir erst, als ich eines verstand:

Die uneingeschränkte,
bedingungslose,
unendliche
und aufrichtige
Liebe zu Dir
und das Wissen
um Deine eigene
besondere und
einmalige Persönlichkeit

sind das, was Vater und Tochter sein sollen.

...und sind. Für immer.

Mika

Du hast die Bühne in meinem Leben
recht spät als Zauberer betreten.
Was wollte ich Dir alles geben,
hatte ich Dich doch so sehr erbeten.

Eine Familie mit allem drum und dran,
in der man gemeinsam leben kann.
Mutter, Kind und Vater
und vielleicht noch einen Kater.

Gemeinsam nur an einem Ort
in Liebe und in Ruh.
Doch wie so oft im Leben
schlug auch hier das Schicksal zu.

Trennung, Schmerz und böse Worte;
nichts blieb von diesem schönen Orte.
„Schlauer Waschbär" ist einer Deiner Namen
Du wolltest nichts von diesen Dramen.

Und hast mit Kinder-List und voller Liebe
gezeigt: verzichtet auf die bösen Hiebe!
Du hast uns am Ende klar gemacht
am besten geht es, wenn man lacht.

Aber nicht nur das, Du kleines Wesen,
kann ich in Deinen Augen lesen.
So voller Magie kannst Du es täglich sehn,
diese Welt ist wunderschön.

Diese Magie Dir zu bewahren
so will ich mich gebaren.
In Liebe Dich zu schützen
will ich meine Kräfte nützen!

Dein Vater

Erziehung

Unsere Kinder kommen nackt auf die Welt,
nur mit einem kleinen Rucksack
und dem Wissen aus einer anderen Welt.*

Wir haben an ihrer Seite nur eine Aufgabe:
Ihnen diesen kleinen Rucksack mit Liebe
zu füllen, die sie immer begleitet und die sie
weitergeben können.

Und mit Werkzeug, damit Sie es
bei sich haben, um Ihren eigenen Weg
in der neuen Welt gehen zu können.

* Wenn wir genau hinschauen, ist dieses Wissen
  für uns bestimmt, um Kind bleiben und um
  frei in die andere Welt gehen zu können.

Leben

Ich sehe

Ich sehe die Welt mit andren Augen,
ihr könnt es nicht verstehen.

Wenn ihr nicht zurückschaut,
werde ich den weg alleine gehen.

Wenn ich ankomme,
bin ich nicht mehr allein

Es werden dort wie ich,
noch wahre Menschen sein

Es wird euch spät an unseren Tagen,
vor allem ein Gedanke plagen:

Wie kann es sein, dass sowas geht?
Einer, der noch grade steht.

Sollte dann doch mal einer schauen,
wird er eines sehen:

Vertrauen!

Es gilt nun, die Hand zu nehmen,
ich halte sie schon länger hin.

Entscheidet euch
und haltet mich nicht hin!

Vernissage

Auf der Ausstellung
meiner Gedanken
verstehen die meisten
Menschen nicht mal den Titel.

Freiheit

Ihr denkt nur, dass Ihr Freiheit wollt.
In Wirklichkeit jedoch sehnt Ihr Euch nach
Reglementierung, strengen Gesetzen, Konsum
und einer aufgesetzten Moral!

Die einzige Freiheit, die Ihr wirklich wollt, ist die Freiheit,
bequem zu sein!

Meine Freiheit bedeutet Kampf, Leid und ist unbequem!
Aber sie ist echt!

Nichts

Auf die Frage:
„Was ist los?"
ist es besser, nichts zu sagen,
als „Nichts!" zu sagen.

„Nichts!" lässt sich nicht klären.

Warum

Die gestrige Frage nach dem Warum
erscheint lächerlich
im Bewusstsein der heutigen Antwort.

Der Weg - Das Ziel

Wenn der Weg das Ziel ist,
bedeutet das,
dass man sich auf den Weg machen muss.

Wie aber soll man sich auf den Weg machen,
wenn man das Ziel nicht kennt?

Wer nur losläuft, ohne sein Ziel vor Augen,
irrt nur durch sein Leben,
nicht einmal merkend, wie sich alles wiederholt.

Nimmt man aber an, dass man selber das Ziel ist, würde
das nicht bedeuten, dass man schon auf dem Weg ist?

Gute Reise!

Abhängig

Die Abhängigkeit,
in der wir zu sein glauben,
ist nichts
gegen die Abhängigkeit,
in die wir uns begeben,
wenn wir Angst haben.

Dann nämlich sind wir wirklich abhängig.
Und zwar von unserer Angst.

Tagträumer

Diese Welt ist nicht für mich gemacht,
denn des Traumes Träumer lebt alleine
nur davon, dass die Flügel der
Träume die Tage tragen.

Fragen:

Wann trägt der Tag den Traum?
Nachts gemacht in den Farben des Lichts im
Schwarz der Unendlichkeit?

Wohin trägt der Traum die Liebe?
So wie Diebe dem Schicksal ein Stück vom Glück stahlen.

Was ist der Sinn des ersten Atemzugs in der Gewissheit, sicher ist
nur der letzte?

Wer bleibt, wenn alle gehen - geradestehend im Sturm der
Entwicklungen - rastend im Wind der Befreiung durch Träumen?

Spuren der Träume bleiben bei jedem Erwachen.
Spuren des Erwachens bleiben in der Seele des eigenen Ichs
Spuren des Systems aber rauben die Träume.

Kein Platz für Träumer?

Es gibt einen Weg. Ich werde ihn finden.

Träumer halt - und Krieger.

Meine Zeit

Meine Zeit ist nur geliehen,
so wie ich meinen Traum
von der Nacht geliehen habe.

Kleiner Junge

"Das Problem ist,
dass du dich wie ein kleiner Junge verhältst!"
Das hast du zu mir gesagt.

Doch es ist nicht das Problem,
mein Freund, sondern die Lösung!

Messdiener

Der Messe gedient schon als kleines Kind,
gelernt, geglaubt aber praktisch blind.
Dachte, ich fände die Antwort auf alle Fragen,
im Buch der Bücher für alle Lebenslagen!

Als mir genommen wurde der eigene Vater,
wusst` er nicht weiter, der Heilige Pater.

Er hat das heilige Buch genommen,
und ich habe Texte zum Beten bekommen.
Doch in die Augen geschaut hat er mir nicht,
drohte subtil mit dem jüngsten Gericht.

Da kniete ich nun, ziemlich verschreckt,
die Hände brav in den Himmel gereckt
und betete alte Texte Wort um Wort
an diesem doch so scheinheiligen Ort.

Doch die Antworten, sie kamen nicht,
es klang so nach Lüge das alte Gedicht.
So sehr es auch dauerte, es wurde mir klar,
die Wahrheit finde ich nur ohne Altar.

Es geht um Glaube, nicht um Religion,
den Unterschied kennt ihr hoffentlich schon.
Es gibt so viele Tempel in der Natur,
warum versteckt ihr euch in Kirchen nur?

Alle Fragen zu unserem Leben,
kann uns nur die Schöpfung selber geben.
Wenn wir aber weiter die Schöpfung zerstören,
wie wollen wir dann die Antworten hören?

Alkohol und Drogen

Schon traurig,
wenn euch Substanzen
wichtiger sind,
als Substanz.

Meine Worte

Meine Worte sollten
Brücken schlagen zwischen
meiner Welt und der Welt,
in der ich dieses Leben führe.

Was aber bleibt von Ihnen,
wenn sie nicht Einzug halten
in mein Leben?

Sie sind Worte, die dem Baum
Blüten verleihen, ihm
aber die Frucht verweigern.

Loslassen 1

Loslassen bedeutet,
an Morgen zu glauben.

Loslassen 2

Loslassen bedeutet,
keine Angst vor dem Tod zu haben.

Loslassen bedeutet,
keine Angst vor dem Leben zu haben.

Loslassen bedeutet jedoch <u>NICHT</u>,
sich auf beides vorzubereiten.

Alleine sein

Wir sind alleine.
So sehr wir uns auch bemühen,
egal, wie wir es drehen und wenden,
wir sind es.

Das ist Fakt.

Aber:

So, wie es ohne Hell kein Dunkel gibt,
ohne die Nacht keinen Tag,
ohne den Tod kein Leben,
so gilt auch für das Alleinsein:

Die einzige Berechtigung für
das Alleinsein liegt darin,
dass wir doch alle EINS sind.

Angst

Wir sollten uns vielleicht
eine Sache bewusst machen:

Die Angst, die wir nicht loswerden,
kann irgendwann unser Los werden.

Götter

Eure Götter
haben nur noch Einsen und Nullen.

Frei

Frei ist nur,
wer nicht von der Angst getrieben wird,
etwas zu verpassen.
Denn er verpasst dadurch nur eines:

Die Freiheit ohne Angst.

Terroristen

Ihr regt Euch auf über Terroristen,
die Eure Art zu leben bedrohen.

Dabei seid Ihr es,
die Ihr meine Art zu leben mit Bomben
aus Worten, Taten und Arroganz zerstören wollt.

Ihr seid die wahren Terroristen.

Tanzen

Wann haben wir aufgehört zu tanzen?

Wann hat das Leben uns aufgefordert,
es sein zu lassen?

Oder waren wir es?
Wie konnten wir das zulassen?

Das Erste, was Kinder machen,
wenn Sie Musik hören, ist,
sich dazu zu bewegen: sie TANZEN!
Ohne nachzudenken, leicht und voller Hingabe.
In sich ruhend und aus sich herausgehend.

Tanzen steht sinnbildlich für die Leichtigkeit.
Sie ist es, die uns Antworten auf alles gibt.
Oder erkennen lässt, dass wir die Antworten
gar nicht brauchen.

Leichtigkeit.
Tanzen.

Berührung

Wenn Dich
meine Worte berühren,
gebührt die Anerkennung nicht mir,
sondern Dir selbst.

Ich kann nur wecken,
was lebendig ist.

Zeit

Auf der Jagd durch das Leben
suchen wir oft etwas,
was wir gerade dadurch nur
schwer finden werden...

...Zeit!

Zeit

Unser Sein ist nur geliehen.
Die Zeit dafür ist nur geschenkt.

Nur die Momente, die uns berühren,
besitzen wir wirklich.

Und sie überdauern die Ewigkeit.

Heißt es...

Gewitter reinigen die Luft,
heißt es.
Worte sind schlimmer als Messer,
heißt es.
Wunden verheilen, Narben bleiben,
heißt es.
Liebe verbindet,
heißt es.
Nichts ist für die Ewigkeit,
heißt es.

Was aber heißt all das für mich?

Wahrheit

Wenn Zeit Geld ist,
dann sind die Dinge,
die nicht oder zu spät
gesagt werden,
verdammt teuer.

Eigentlich nicht
schlimm,
wenn man bereit ist,
den Preis zu zahlen...

Die Wahrheit kennt
keine Zeit
keinen Raum
und keinen Ort,
vor allem aber
ist sie immer umsonst.

Brücke in Flammen

Die Brücke steht
schon lange in Flammen

Es gibt kein zurück.

Warum aber auch?

Wollte ich zurück,
hätte ich sie nie betreten.

Weltenreise

Viel gereist und die Welt gesehen,
natürlich nicht alles,
wie soll das auch gehen.

Aber genug mir betrachtet,
wie Ihr es verachtet,
was ist mit Euch nur geschehen?

Nur als Kulisse für Euer Sein
Ihr selbst seid Nichts,
alles nur Schein.

Sehenswürdigkeiten habt Ihr besucht,
und Monumente geschaut.
Doch dort wo man die Würde nicht sieht,
habt Ihr nicht hingeschaut.

Das ist nicht das Reisen, welches ich meinte,
als ich vor lauter Verzweiflung bitterlich weinte.
Denn diese Welt wird kaputt gemacht,
während Ihr noch auf dem Selfie lacht.

Und die wichtigste Reise,
die wagt Ihr nicht.
Es ist die Reise zu Euch selbst,
vom Dunkel ins Licht.

Der Weg

Wenn ich eine Entscheidung
getroffen habe
und zum Kampf dafür bereit bin,

dann wird eine Straße geschaffen,
wo vorher nicht einmal
ein Pfad zu sehen war.

Der Grund

Der Grund, warum man die Hand
oft nicht hinhält, ist nicht die Angst,
man könnte die nehmende Hand nicht halten.

Es ist vielmehr die Angst,
das Gegenüber könnte sie nicht nehmen.

Merkwürdig

Ich sei merkwürdig,
hast Du gesagt und Dich umgedreht.

Und Du hattest Recht:
meine Worte sind des Merkens würdig!

Ruhe

Wenn es leise ist,
im Hier und Jetzt,

werden wir feststellen,
dass es nur das Herz ist,
welches die Antworten auf die
Fragen des Kopfes kennt.

Universum

Wer auch immer das Universum
erträumt hat,
hat es als Kreis getan.

Zeit

Wie viel Zeit wir
zum Leben haben,
spielt keine Rolle.

Die Rolle, die wir
in dieser Zeit spielen,
dagegen schon.

Gewalt

In einer Welt voller Gewalt
erlebe ich das Gefühl und das Bedürfnis
ihr mit Gewalt zu begegnen.

Kann das der richtige Weg sein,
oder ist es klüger, es nicht zu tun?

Ich weiß, es wird der Tag kommen,
an dem ich eine andere Sprache sprechen
muss.

Doch ich habe Angst vor diesem Tag.
Denn ich weiß, wie viel gewaltiger meine
Sprache sein kann.

Meine Wahrheit

Meine Wahrheit ist mir heilig.
ich bin bereit für sie zu sterben.

Muss ich kämpfen bis zu meinem Tod,
oder tötet mich der Kampf?

Einfach

Ich kann Einfach nicht.

Adoption

Ich:
Verlassen am 2. Tag nach der Geburt.
Entscheidung aus Liebe.
Im Kinderheim gepflegt.
Entscheidung aus Liebe.
Ausgesucht von Fremden.
Entscheidung aus Liebe.
Aufgewachsen als Sohn.
Entscheidung aus Liebe.
Angenommen für ein ganzes Leben.
Entscheidung aus Liebe.

Besser geht kaum?
Danke!

Sprache

Wie kann ich mir in einer Welt,
die nicht meine Sprache spricht,
Gehör verschaffen?

Muss ich eine andere Sprache lernen,
oder wird man irgendwann
die meine sprechen?

Harmonie

Harmonie ist,
wenn Geben und Nehmen
sich unkontrolliert
die Waage hält.

Macht des Wortes

Die Hand, mit der ich
diese Worte schreibe,
hat die Macht darüber,
ob sie wie Federn sind,
die dem Gedanken Flügel verleihen,

oder wie ein Schwert,
welches nicht nur das Papier
trennen würde, auf dem ich schreibe.

Keine Zeit?
... mal etwas anders...

nimm Dir Zeit zum Denken
         Denken ist der Schlüssel zur Macht
nimm Dir Zeit zum Spielen
         Spielen ist das Geheimnis ewiger Jugend
nimm Dir Zeit zum Lesen
         Lesen ist der Pfad zur Weisheit
nimm Dir Zeit zum Träumen
         Träumen ist das Pferd, das den Weg kennt
nimm Dir Zeit zum Lachen
         Lachen ist die Macht des großen Geistes
nimm Dir Zeit zu Lieben
         Liebe ist das Privileg der Götter
nimm Dir Zeit geliebt zu werden
         Lieben ist der Sinn des Lebens
nimm Dir Zeit für Dich
         Du bist alles, was du hast
nimm Dir Zeit zum Leben
         Leben ist das Geschenk des Universums

Krieg

Den Krieg auf dieser Welt
habe ich immer gehasst.

Warum aber habe ich mein Leben
verprasst?

Ist erst der Krieg in uns zu Ende
auch ein anderer vielleicht sein
Ende fände.

Krieg

Wir verurteilen den Krieg
und sind doch selber daran schuld,

weil wir nie genug krieg(en).

Wahrheit

Wie im Außen so im Innen,
so wird die Zeit der Tage
verrinnen.

Doch eines bleibt, wenn alle gehen:

Es ist die Wahrheit,
sie bleibt immer bestehen.

Farbe

Dieses Leben, das ich habe
das trage ich zu Grabe.

Dieses ist das eine Ziel und
im Ersten ist es gar nicht viel.

Doch die Farben für dazwischen,
ja, die kann nur einer mischen.

Ich bin es, der den Pinsel hält,
und ich, ja ich,
bemal` damit die Welt.

Künstliche Intelligenz

Vielleicht ist KI die bessere Intelligenz.
Die menschliche Intelligenz ist für`n Arsch,
wenn man sich mal umschaut,
was der Mensch daraus macht!

In diesem Zusammenhang gibt es düstere
Prognosen, wenn künstliche Systeme den Menschen
verdrängen könnten.

Unter evolutionsgeschichtlichen Ansätzen würde das
sogar Sinn machen: Die Art, die sich nicht anpasst
oder den eigenen Lebensraum unbrauchbar macht,
verschwindet halt...

Save the planet

Wir müssen nicht den Planeten retten,
sondern uns selbst!
Der Planet kam Jahrmillionen ohne uns
gut klar.
Wir nicht mal ein paar tausend Jahre mit
ihm!

Ja, nicht mal ein Leben lang mit uns selbst!

Meine Worte

Meine Worte sind wie Adrenalin -
sie treffen immer Euer Herz.
auch wenn ihr Euch so verhaltet,
als hättet ihr keines!

Ob Ihr es wollt,
oder nicht:

Irgendwann kommt der Tag,
da werdet Ihr verstehen.

Und an diesem Tag,
da denkt Ihr an mich.

Hoffentlich ist es nicht zu spät -
nicht für mich, sondern für Euch!

Einsamer Wolf

Als Kleinkind schon gelernt
alleine zu bestehen,
wollte ich mich lieber
als Teil einer Familie sehen.

Zu stark das Gelernte
allein auf weiter Flur,
gab es Familie in
Abschnitten nur.

Krieger der Welten,
alleine im Sturm.
Gekämpft wie ein Löwe,
gefallen als Wurm.

Auferstanden als Wolf
in der Welt der Ignoranz.
Ich feiere heute
den einsamen Tanz.

Aber es tanzt sich gut
so frei und alleine,
und es kommt die Zeit,
wo ich diesen Tanz teile.

Lesen

Genauer betrachtet
heißt Buchstaben genauer betrachten:
Lesen.

Tät(er)

Eine Minorität hat die Macht
über die Majorität.

Keine Banalität,
denn sie definieren des Lebens Qualität.

Sie fördern die Anonymität,
damit sich kein Wiederstand formt.

Es fehlt die Humanität, die Identität.
Eure Inaktivität ist ihre Bonität.

Integrität. Solidarität.
Erhebt Euch mit Intensität und Homogenität.

Verlasst die Passivität und werdet endlich tätig!

Schach matt

Manchmal im Leben
ist es wie beim Schachspielen -
Es ist <u>nicht</u> der falsche Zug,
mit dem man das Spiel verliert.

Es ist der Zug, der zu spät
oder gar nicht gemacht wurde.

Schuster

Der Schuster wollte weg von seinen Leisten!
Konnte er sich`s leisten?

Oder hat er sich`s gegönnt...?

Wollen - Können

Es ist besser, nicht zu können,
weil man nicht will,

als nicht zu wollen,
weil man nicht kann.

Gratwanderung

Gratwanderungen sind nicht gut.

Es gibt zwei Richtungen,
in die man fallen kann.

Wale

Das Problem mit Worten ist,
dass sie gehört, und mit
dem Ohr verstanden werden.

Der Gesang der Wale jedoch
ist nur verständlich, wenn man
ihn mit dem Herzen hört.

Könnten wir einander besser
verstehen, wenn wir auch
mit dem Herzen sprechen würden?

Entscheidungen

Entscheidungen, die wir
im Leben nicht treffen,

trifft das Leben für uns!

Tod lebend

Der Tod begleitet uns
unser ganzes Leben.

Manche sterben durch Unfall.
Manche sterben durch Krankheit.
Manche sterben durch die eigene Hand.
Manche sterben durch eine fremde.

Gefühle sterben durch Unfall.
Gefühle sterben durch Krankheit.
Gefühle sterben durch die eigene Hand.
Gefühle sterben durch eine fremde.

Der Tod der Gefühle jedoch
ist der schlimmste,

weil man danach noch weiterlebt.

Der Klügere

Kaum ein Satz wird so fehlinterpretiert wie:
„Der Klügere gibt nach!"

„Der Klügere gibt nicht auf!", muss es heißen.

Die Wertigkeit von Dingen

Die Wertigkeit von Dingen steht
immer in Abhängigkeit zum Augenblick.

Eben noch trifft sie uns.
Jetzt schon ist der Augenblick vorbei.

Eben, gestern, vorhin -
Zählt schon lange nicht mehr.

Jetzt, gerade jetzt ist ein neuer Augenblick.
Und wieder ist er der Wichtigste,
denn es gibt ihn nur einmal.

Klein wird die Bedeutung von Dingen
bezogen auf die Wirklichkeit des Augenblicks.

Groß wird die Bedeutung des Augenblicks
bezogen auf die Wirklichkeit der Dinge.

Geben

angeben
ausgeben
vergeben
hingeben
abgeben
hergeben
zugeben

... aber niemals aufgeben

Wirr aber gut

Viele Worte verlassen den Geist.
Beflügelt. Anders. Immer gesucht.
Stehst du davor. Fremd und bekannt.
Schleier der Angst, formuliert in Fragen -
zu Grabe getragen den Wunsch der Klarheit.

Dasein. Immer.
Nie loslassen.
Wünsche und Erinnerungen.

Momente als Spiegel,
die das Licht der Vergangenheit brechen.
Nicht aber mich.
Stehen.
Aufrecht.
Immer.

Sei bereit. Kampf ohne Opfer. Besiege Dich selbst. Die Angst.
Sei da.

Irgendwann ist alles vorbei.
Was immer bleibt, ist die Gewissheit, dass man es versucht hat.
Vergangenheit spielt keine Rolle.
Nicht mehr am letzten Tag.
Freiheit. Für immer.
Das Ziel ist definiert.
Sei immer was Du bist.
Immer.

lieben

Liebe

Irgendwo im feinmaschigen Gewebe des Lebens
wurde mir etwas geschenkt, von dessen Existenz
ich nur geträumt hatte.
Ich tat es immer seltener, zu sehr schmerzte das Erwachen.

Es ist etwas, das Brücken schlägt zwischen Raum und Zeit.
Etwas, das stärker ist, als die antrainierte Kontrolle.
Etwas, das wärmer ist, als das Licht der Sonne.
Etwas, das freier ist, als der rote Habicht auf seinem
nie endenden Flug.
Und es ist wertvoller, als ich es jemals erhoffte.

Es ist etwas, dass mich mit dir verbindet, weil es kein Vielleicht
oder Aber gibt.

Es ist nicht der Wunsch geliebt zu werden, der verbindet,
sondern einfach die Erkenntnis, aufrichtig und wirklich

zu lieben.

Eins

Dort,
wo Land und Wasser zusammentreffen
Dort,
wo Erde und Luft zusammentreffen
Dort,
wo Tag und Nacht zusammentreffen
Dort,
wo Körper und Geist zusammentreffen
Dort,
wo Du und Ich zusammentreffen

wird **Eins** klar.

Eins sein

Himmel und Erde sind eins.
Hell und Dunkel sind eins.
Leben und Tod sind eins.
Du und Ich sind eins, wir werden zu uns.

Die Angst aber teilt Leben und Tod,
denn sie nimmt Dir das Leben ohne dass Du stirbst.

Die Angst teilt das Uns,
weil nur einer bleibt!

Vertrauen

Du sagst, es sei schön, Vertrauen zu haben.
Dann hab es doch!

Wie klein ist die Angst vor der Enttäuschung,
von der du nicht weißt, ob sie passiert,

gegen das Gefühl, Vertrauen zu haben.

Spiel

Im Spiel der Liebe
geht es nicht darum,
ob der eine oder der andere
gewinnt.

Den Hauptpreis gewinnt man nur gemeinsam.

Freund und Feind

Der Gedanke ist der Feind des Gefühls.
Versucht man ein Gefühl zu denken,
ist es kein Gefühl mehr.
Es ist ein Gedanke.

Das Gefühl jedoch ist der Freund des Gedankens.
Versucht man einen Gedanken zu fühlen,
ist es kein Gedanke mehr, es ist ein Gefühl.

Mache Feinde zu Freunden.
Was bleibt, ist Gefühl.

Augenblick

eine Sekunde
eine Stunde
ein Tag
eine Woche
ein Monat

Alles nur ein kurzer Augenblick
in der Unendlichkeit der Welt.

Ohne dich
kann ein Augenblick verdammt lang sein.

Am Abend desselben Tages

Splitter des Tages huschen an dem inneren Auge vorbei.
Sie bilden Wasser aus dem Eis am Ast der Vergangenheit
und beleben den Verlauf der Zeit in einem Moment der
Freiheit des eigenen Ichs.

Bereit für Momente der Tiefe, ohne Angst vor dem
Was, Wenn und Warum.
Einfach nur loslassen.
Kontrolle bedeutet Gefängnis.
Wissend, wie die Freiheit der Liebe riecht.
Wirre Momente an einem klaren Tag.

Nicht irgendeiner.

Heute. Eben. Vorhin. Wohin?
Spielt keine Rolle.

Zeit fügt zusammen, wo sie vorher trennen musste.
Macht Platz für Tiefe.
Hofft auf Ewigkeit.
Bereit, nach langer Zeit.
Keine Wiederholung.
Nur fühlend.
Bekannt.
Trotzdem einzigartig. Ohne Erwartung. Frei. Ehrlich.

So wird Ewigkeit gemacht.
Gestern, Heute, Morgen.
Nur ein paar Momente.
Heilig.
Nicht mehr. Niemals weniger!

Ich liebe

Egal, was war.
Egal, was heute ist.
Egal, was kommen wird.

Absolut frei,
ohne wenn und aber.

Ich liebe

Liebe

Komisch,
wenn man in seiner Besessenheit
geliebt zu werden,
nicht merkt,
wie sehr man geliebt wird.

Mein geliebter Vater

Du hast durch meine Adoption meiner Einsamkeit ein Ende bereitet. Vor allem aber hast Du aus freien Stücken die Entscheidung getroffen, mein Vater sein zu wollen.

Einige Jahre ist es nun her, dass du an meiner Seite warst, und mir all Deine Liebe gegeben hast und mir die Welt gezeigt hast.
Ich habe gesehen, wie stolz Du auf mich warst und mit wie viel Freude Du mich großgezogen hast.

Erst heute, wo ich selber Vater bin, wird mir bewusst, wie schwer es für Dich gewesen sein muss, diese Familie, die Du so sehr geliebt hast, verlassen zu müssen.

Ich möchte Dir auf diesem Wege für alles danken, was Du mir mit auf meinen Weg gegeben hast. Ich könnte mir keinen besseren Vater vorstellen. Es tut mir so leid um die Momente, in denen ich Dich verletzt habe und ich hoffe, dass Du mir diese Momente verzeihst.
Papa, ich habe Dir leider nie sagen können, wie sehr ich Dich geliebt habe, und immer noch liebe.
Ich bete zu Gott, oder wem auch immer, dass meine Erinnerungen die Ewigkeit überdauern, damit Du in ihnen weiterlebst und immer bei mir bist.

Du hast mir so viel gegeben und jeden Tag, den ich heute lebe, kann ich einen Teil davon an Laura und Mika weitergeben.

Für immer existiert ein Teil von Dir in mir weiter und wird es im Herzen meiner Kinder und Kindeskinder immer tun.

Danke.

In ewiger Liebe,

Dein Sohn

Magie

Du sprachst von Magie…
Das heutige Gefühl ist nicht
eine Reproduktion alter Magie.
Es ist das Bewusstsein,
dass diese Magie in einem
einzigen Blick im Uns entstand
und zeitlos ist.

Nähe

Erst, wenn man sich selbst
nicht mehr am Nächsten ist,
wird man merken, wie schön
es ist, wenn der nun frei gewordene
Platz neben einem mit Nähe
erfüllt wird.

Spuren im Schnee

Du kennst sie,
diese Spuren im Schnee,
die man bei jedem Schritt
hinterlässt.
Diese Spuren,
die bleiben, wenn schon
lange keiner mehr da ist.

So sauber, wie der weiße Schnee,
ganz sauber und rein,
war meine Liebe zu Dir.

Die Schmerzen, die daraus entstanden,
sind wie Spuren im Schnee.
Diese Spuren,
die bleiben, wenn schon
lange keiner mehr da ist.

Doch auch hier heilt die Sonne:

Wenn der Schnee geschmolzen ist,
sind auch die Spuren weg.

Träumen

Du und ich, wir hatten einen Traum
und stahlen der Zeit ein paar kostbare Stunden.

Aber man kann das Schicksal nicht betrügen
und alles was uns blieb
sind Erinnerungen, die langsam verblassen.

Und ein Gefühl, das für immer bleibt.

Träume weben

Aus tiefem Glauben,
ebenso tiefem Gefühl
und dem Bewusstsein,
die richtige gefunden zu haben,

webte ich
einen Traum der Ewigkeit und des Ankommens.

Aber wie man es dreht und wendet,
ein Traum bleibt immer nur ein Traum,
verschwindet mit dem Aufwachen und
hinterlässt bestenfalls eine verblasste Erinnerung.

Anfang

An allem Anfang steht und
stand immer die Idee.

Und da die Idee das Ziel ist, sehe ich,
dass wir uns auf dem Weg zum
Ziel weit vom Anfang entfernt
haben.

Wenn wir aber den Anfang
aus den Augen verloren haben,
können wir auch kein Ziel
mehr erkennen.

Wir begeben uns auf den Weg
der Zeit, irren ziellos durch den
Raum. Unseren Raum.

Dieser Weg entfernt uns Tag
für Tag von unserem Ziel, denn
er entfernt uns voneinander.

Es gibt nur eine Möglichkeit
am Ziel anzukommen:

Zurück zum Anfang. Zurück zur Idee.

Aus dem Herzen gesprochen
von AL

Vergangenheit

Hast du dir eigentlich schon
mal überlegt:

„Dass wir nur deshalb
eine Vergangenheit haben,
an die wir uns so gerne erinnern,
weil wir an dem Tag,
als die Gegenwart zur
Vergangenheit wurde,
an die Zukunft glaubten?"

Wahre Liebe

Da ist eine verdammt schmale Linie
zwischen Liebe und wahrer Liebe.

Lässt man das „h" bei „wahre Liebe" weg,
bleibt Liebe als Ware.

Winter

Der Winter und der Schnee
bedecken alles, was im Sommer
einmal blühte.

Doch bei genauerem Hinsehen
wird man merken, dass dort, wo Bäume
Wurzeln geschlagen haben,
immer eine freie Stelle ist.

Und diese Stelle ist es auch,
wo im Frühling wieder das
erste Leben erwacht.

Die Kombination aus Wurzel, Stamm
und dem Schutz gebenden Laub
ist das Entscheidende.

So ist es auch mit der Liebe.
Halt, Wachstum und Schutz brauchen
Einander.

Ich

liebe mich.
teile mich.
frage mich.
vermisse mich.
lerne mich.
erfreue mich.
vergesse mich.
hasse mich.
entschuldige mich.
belüge mich.
verrate mich.
berühre mich.
umarme mich.
bewundere mich.
bezweifle mich.

vor allem aber:

lebe mich.

Wurzeln

Wenn wir Wurzeln schlagen,
ganz eng auf dem Boden
der gemeinsamen Vision,

werden wir nicht nur
zusammenwachsen,

sondern auch
zusammen wachsen.

Wurzeln schlagen

Ich möchte endlich Wurzeln schlagen;
nicht irgendwo, vielmehr bei Dir.

Ich hab` es satt, mich als zu fragen:
„Bin ich wirklich richtig hier?"

Einen Satz geb` ich jetzt preis:
„Es gibt nicht viele Dinge,
die ich wirklich weiß."

Doch diese eine Wahrheit eröffnet sich
in voller Weite:

Mein Platz, der ist an Deiner Seite!

Wurzeln schlagen

Wurzeln schlagen ist einfach,
wenn der Boden weich ist.

Ist er jedoch voller Steine,
braucht es verdammt viel Kraft.

Der Sturm aber wird zeigen,
dass nur kraftvolle Wurzeln
den Baum auch halten können.

Hoffen Träumen Glauben

Wissend, dass mein Kopf mich lässt,
halt ich an dem Glauben fest.

Es gibt sie, diese eine Welt,
in der der eine von uns beiden
den jeweils anderen hält.

Dein Kopf kann diesem Leben
eine andere Richtung geben,
die mir deshalb nicht gefällt,
weil sie den Baum ohne Wurzel fällt.

Lieben kann so einfach sein.
Liebe leben, kann eine Menge geben.
Doch Liebe ist nur wirklich rein,
wenn wir sie auch leben.

Zugfahrt

Ich saß im Zug meines eigenen
Lebens und sah aus dem Fenster.

Je länger ich gefahren bin,
umso größer war die Angst anzuhalten -
umso verschwommener das
Ziel auf der Fahrkarte.

Eines Tages sah ich dich.

Anhalten? Aussteigen?

Gefühle sagten mir, ich solle
es einfach probieren.

Und seit ich ausgestiegen
bin, merke ich, wie wundervoll es
ist, wirklich zu lieben und zu leben.

Ich schaue auf die Fahrkarte
und empfinde Freude, denn ich bin
nicht nur irgendwo ausgestiegen,
ich bin angekommen.

Farben der Liebe

Das Lied des Lebens
wird gespielt vom Orchester der Liebe.
In allen Dingen die Liebe, der Glaube.

Wenn wir zusammenstehen als Eins
in einer geteilten Welt,
kommen einzelne Farben zusammen
und bilden den Regenbogen,
der entsteht, wenn einzelne Tropfen
das Licht teilen und in Farben
wieder neu zusammenfügen.

Liebe, was sonst?

Gedanken

Unter dem Gesichtspunkt,
dass Fühlen das ist, was wir wissen,
weiß ich nichts mehr über dich.

Zwei Tränen

Geformt am Tage meiner Geburt.
Jahrzehnte später verlassen diese Tränen
den Ort, an dem sie einst geformt wurden.

Gemeinsam geschaffen gehen Sie nun getrennte Wege
und dabei ihrer ureigenen Aufgabe nach:

Die eine ist gefüllt mit Freude.
Die andere trägt die Trauer in sich.

Beide aber lehren mich:
Sie gehören zusammen und
werden irgendwann trocknen.

Blatt Papier

Ein weißes Blatt Papier.
Einfacher kann es nicht sein,
tiefer auch nicht.

Über die Liebe geschrieben.
Worte über Worte füllten langsam dieses Buch.
Am Anfang war ein weißes Blatt -
Nein, nicht nur eines, es waren viele.

Die Worte blieben jedoch der Wunsch, sie mögen
das Licht der Echtheit erblicken und so
den Status des Traumes verlassen.

Verblassen
sie wie die Tinte, mit der sie geschrieben wurden.

Verloren bleibt ein Blatt Papier.
Fragmente der Hoffnung in Form getrockneter Tinte -
spärlich nur als Sinn zu erkennen.

Die Wortreste vergrauen das Weiß der Wahrheit,
die wahrlich nur dem Blatt zu Eigen ist
und lassen erahnen, was der, der es nicht erlebt hat,
im Ansatz nicht vermag.

Dass die Liebe nicht beschreibbar ist, denn sie ist das Blatt,
dem alles zu Grunde liegt.

Das Blatt trägt das Wort
Du trägst mich.

Ich liebe Dich!

Deine Hände – mein Gesicht

Jahrzehntelang in Fleisch und Blut -
der physische Schutz meines Gesichts.

Stellvertretend für den Schutz des eigenen
Seins und die offene Hintertür
in allen Gefühlslagen.

Berühren heute deine Hände mein Gesicht,
halten sie damit nicht nur diese Tür zu,
sondern die Welt an.

you expected

to be sad in the fall.
part of you died each year
when the leaves fell down
from the trees, and their
branches were barc against the cold
and the wind, wintry light...

but you knew, there would always
be the spring,
as you knew
the river would flow again
after it was frozen...

E. Hemingway

Warum?
Ewige, törichte Frage des Menschen,
die im kleinsten keine Antwort findet
und doch stets wieder an das
Größte sich wagt.

Warum?
Erkennt doch endlich, dass
dieses Nichtantwortenkönnen
auf das kleinste "Warum?"
zu eurem Menschentum gehört,
wie euer überschätzter Intellekt
oder euer Bewusstsein.

C. Endres